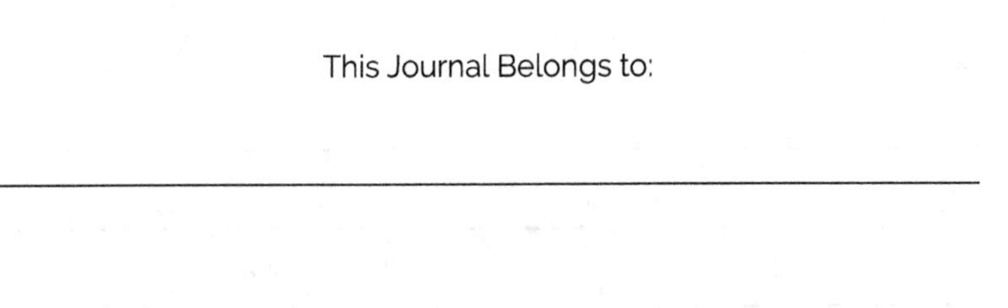
This Journal Belongs to:

www.ingramcontent.com/pod-product-compliance
Lightning Source LLC
Chambersburg PA
CBHW081131300726
48982CB00005B/931
9781649602176